Nadia Baha

SATIRISCHER JAHRESRÜCKBLICK

2014

Herstellung und Verlag:
BoD-Books on Demand, Norderstedt
ISBN: 978-3-7392-2155-7

VORWORT

Hallo!

Eine kurze Begrüßung kann nicht schaden.

Mein Kabarettcoach hat mich dazu genötigt, dieses Büchlein drucken zu lassen. Er meinte, man kann den Leuten heutzutage alles andrehen ... schauen wir, ob das stimmt.

Ich freue mich auf jeden Fall, dass zumindest ein klein wenig Interesse da ist, sonst würde das von mir Geschriebene wohl gar nicht gelesen werden. Aber Sie lesen das ja jetzt ...
Also danke.

Noch mehr würde es mich freuen, wenn Sie noch weiter lesen würden.
Wenn Sie wirklich

weiterlesen, dann finden Sie in diesem Büchlein Texte, die eine Art Zusammenfassung des Jahres 2014 darstellen könnten.

Warnhinweis 1: Zusammenfassungen sind immer unvollständig und bilden in keiner Weise die Wirklichkeit in ihrer Fülle ab.

Da mein Kabarettcoach mir immer weismachen will, dass private Informationen gut für das Bonding zwischen Ihnen und mir sind, eine vielleicht nicht ganz wahre Begebenheit aus dem Jahr 2014.

Ich bin umgezogen. Meine NachbarInnen kenne ich noch gar nicht, aber die sind sicher daneben. Die Nachbarinnen und Nachbarn sind immer daneben.
Ein Nachbar, den hab ich nur kurz beim Aufzug

gesehen, der ist vielleicht Buddhist. Der hört die ganze Zeit Nirvana.

Was für ein Glück, dass ich niemanden von einer Ratingagentur neben mir wohnen habe (Da bin ich ganz sicher! Nicht in der Gegend!). Da wäre die Musik der Wahl vielleicht ABBA.

Ich hätte es also schlechter treffen können.

Sie vermutlich auch …
In diesem Sinne hoffe ich, dass Sie weiterlesen!
Nicht nur dieses Büchlein, sondern immer.
Versprochen?!

Danke.

Nadia Baha, Juni 2015

Warnhinweis 2: Kann Spuren von Tipp-, Satzzeichen,- und Druckfehlern enthalten. Sorry.

Mit freundlicher
Unterstützung von
IBUPROFAN. Hilft bei
Weltschmerz.

INHALTSVERZEICHNIS

Autonomes Training

**Vladimir grüßt die
Alpenrepublik**

**Ewald und die geheimen
Mächte der Demokratie**

**Alter, schütz die Torheit
nicht oder: Der Mölzer und
die EU**

Österreich is(s)t Wurst! Zu Besuch bei Werner F. und Josef O.

WM

Große Kinder

Die Wunde Wunder Welt der Justiz oder: Der Eingebildete Kranke

Feministischer Hausfrauen-Tipp

Politik geht auf den Magen und sonstwohin

All inclusive

X- Mas Special – Auf die Rettung des Abendlandes

Zugabe

**Autonomes Training
(02/2014)**

Er sah aus dem Fenster. Auf die Zeitung. Aus dem Fenster. Wieder auf die Zeitung. Vielleicht hatte er nur etwas überblättert. Kein Zitat war länger als drei Zeilen – wenn er überhaupt zitiert worden war. Diesmal hatten sie ihm die Schau gestohlen. Letztes Jahr hatte er noch

Interviewtermine gehabt, er konnte endlich wieder mit Armin Wolf im ZIB 2-Studio sitzen und ihm Antworten auf Fragen geben, die Wolf ihm gar nicht hatte stellen können, weil er schon vorher die Wahrheit ins rechte Licht gerückt hatte. Nichts. Auch diese kleine Freude blieb ihm dieses Jahr verwehrt. HC seufzte tief.

Wozu überhaupt noch einen Akademikerball? (Er hätte sich ja einen anderen Namen gewünscht, aber der Kickl meinte, das gäbe der Tanzerei einen gehobeneren Anstrich.) Ja, es war natürlich nett, aber wo war der Mehrwert? Welchen Sinn hatte es, sich die ganze Nacht gegenseitig auf die Zehen zu steigen und aufpassen zu müssen, nicht über die diversen Säbel zu stolpern, wenn er dann in den nächsten Tagen nicht einmal gefragt war?

Nicht er, HC, war der Aufreger gewesen, sondern sie! Diese Autogenen! Er hieb mit der Faust auf den Tisch, dass sich die Kaffeetasse beinahe verselbstständigt hätte und nahm einen Schluck von seinem Großen Braunen. What else!? Bitter.

Dabei hatte er gerade für dieses Jahr so viele Ideen gehabt. Er hatte sich einen Spruch zurechtgelegt: „Wir sind die neuen einsprachigen Wörterbücher, wir sind die neuen Duden." Ein ganzes halbes Jahr hatte er an diesem Spruch gefeilt und ganz alleine war ihm das eingefallen! Also na ja nicht ganz, aber das war doch ein Anfang. Endlich würde er nicht mehr so abhängig sein vom Kickl, der ihm oft so schwierige Wörter in seine Reden schrieb, dass er stundenlang vor dem Spiegel üben musste. Wo er doch wusste, dass „ä" und „e" so leicht zu verwechseln sind! Er hatte es satt!

Endlich wollte er dem Herbert zeigen, was er alles konnte!

Dieser Ratgeber hatte seine Wirkung nicht verfehlt, er fühlte sich nun in der Lage, sich vom Joch des Kicklismus zu befreien. Schlechtes Gewissen hatte HC keines. Kickl wäre sicher nicht langweilig geworden. Er hätte in den Wind reimen , völkische Radtouren unternehmen oder beim Frisurenwettschneiden mit dem Degen mitmachen können (Königsdisziplin Bärtchentrimmen). Diese Auszeit hätte dem Kickl sicher auch gut getan und er hätte …

HC seufzte noch tiefer. Die Entzugserscheinungen machten sich wieder bemerkbar. Er musste sich ablenken. Neben ihm lag ein Block. Er war schwarz. HC zuckte zusammen. Ihn fröstelte.

Was hatte er nur falsch gemacht? Der Ratgeber riet

zwar, nicht immer die
Schuld bei sich zu suchen,
aber es gelang ihm noch
nicht immer.

Wenn diese Vermummten wenigstens die Scheiben von einem Geschirrgeschäft oder so eingeschlagen hätten, dann hätte er wenigstens von einer Kristallnacht sprechen können. Aber nein …
Gewalt bringt's, dachte sich HC und dann dachte er sich, dass er das schon irgendwo so oder so ähnlich gehört hatte und dann dachte er sich, dass es eigentlich toll war, dass er sich so viel denken konnte, ganz ohne Hilfe.

Zieht dich ein Vermummter auf, hau drauf! Das würde er das nächste Mal seinen Schläg- … seinen Sicherheitsleuten sagen. Zu blöd, dass ihm das erst jetzt eingefallen war. Aber es war ihm eingefallen! Ihm ganz allein. Schnell schrieb er sein erstes Gedicht mit Datum
und Zierzeile auf.

Jetzt flutschte es richtig. Spruch um Spruch schrieb HC nieder.

Ihr wollt stören den Akademikerball? Von mir aus, aber bitte nur verbal.

Darauf war er stolz. Dann hielt er inne. Das war doch etwas zu viel der Nächstenliebe.

Ihr wollt stören den Akademikerball? Sicher nicht! Habt ihr einen Knall? Besser. Viel besser.

Er seufzte nochmals tief. Manchmal wünschte er sich, endlich einmal durch Wien gehen zu können, ohne dass alle fünf Meter Menschen mit ihm reden wollten und er ein Foto für Facebook machen musste. Einmal wieder Farbenballspiele im Wald machen, einmal ein Kebab

essen können!
Unerkannt!

Plötzlich durchzuckte ihn ein Gedanke. Er sprang auf und stolperte zum Kleiderkasten. Da! HC nahm seine größte Wollmütze und stülpte sie sich über das ganze Gesicht. Das müsste klappen. Drei Löcher in die Mütze zu schneiden, das würde er schaffen. Ganz ohne Kickl. Langsam wurde HC heiß unter der Wollmütze, der Schweiß brach ihm aus. Er riss sich die Mütze wieder vom Gesicht.

Fast zwei Minuten hatte er darunter ausgehalten. Das würde schon noch werden. Er stürzte den letzten Rest seines Großen Brauen hinunter.

HC fühlte sich plötzlich stark und sicher. Er würde es schaffen. Er würde sich wieder neu erfinden. Er ganz allein. Sein autonomes Training hatte gerade erst begonnen.

Vladimir grüßt die Alpenrepublik (03, 04/2014)

Servus!

Ich bin irgendwie nicht ganz in meiner Mitte. Stechende Kopfschmerzen plagen mich, gleichzeitig spüre ich so eine kriminelle Energie. Ich habe das Gefühl, mein Kopf expandiert! Dauernd spiele ich mit meinen Zinnsoldaten, obwohl ich gar nicht will! Irgendetwas bringt mich dazu. Dann denke ich mir neue Grenzen für Russland aus. Und das Komischste ist: Die Zinnsoldaten gehen wirklich los. Ich sehe sie ganz groß auf dem Bildschirm. Was ich alles kann!

Warum ich dir schreibe? Ich weiß, wir kennen uns nicht. Ich mache manchmal Urlaub in Österreich.

Ich habe den Tipp bekommen, meine Gedanken zu sammeln und einen Brief zu schreiben. Man sagte mir, ich muss den Brief nicht abschicken. Aber wozu soll ich einen Brief schreiben und ihn dann nicht abschicken? Das ist nicht meine Art. Ich mache nie etwas „nur so". Daher habe ich einfach Barack angerufen, der hat mir die NSA angerufen, die haben mir alle Adressen rauskopiert (das war ein langes Dokument) und dann habe ich mir eine Adresse aus Österreich rausgesucht. Zufall. An Unbekannt. Komischer Vorname.

Lange halte ich das nicht mehr durch. Auch meine Kraniche leiden. Immer mehr haben glanzlose Augen und ihr Gefieder ist stumpf. Sie spüren, dass es ihrem Herrn nicht gut geht. Immer diese schlechte Presse über mich! Dauernd

dieser hohe Blutdruck. Das tut meinem Luxusbody nicht gut. Wenn das so weitergeht, nimmt sich meine Freundin einen Oligarchen, der nur 20 Jahre älter ist als sie! Dann glauben die Leute vielleicht auch noch, ich bin einer von denen, na von den anderen … !
Vielleicht sollte ich die Pussy Riots wieder einsperren und dann wieder enthaften und dann wieder einsperren … Dann würde ich als maßvoller Herrscher in die Geschichte eingehen. Als Friedenszar!
Oder soll ich wirklich die putinschen Kriege vom Zaun brechen? Barack hat mir schon gesagt, er steht nicht so auf meinen Wodka. Ich kann ihn also nicht unter den Tisch saufen. Das gefällt mir an der deutschen Sprache. Ein paar schöne sprachliche Bilder gibt es schon.

Vielleicht sollte ich das Ganze bleiben lassen? Vielleicht muss es ja nicht die Krim sein?

Vielleicht sollte ich in der Stadt „Kräne statt Ukraine" plakatieren und mir lieber einen neuen Swimmingpool bauen lassen?
Willst du auch einen?

Früher habe ich nicht so gezaudert. Aber im Laufe der Jahre wird man vorsichtiger...
Ich muss aufhören. Die Kopfschmerzen kommen wieder.
From Russia with na ja,
Vladimir

P.S.: Ihr habt ja die Krimmler Wasserfälle. Braucht ihr die noch? In meinem Garten ist Platz.

Ewald und die geheimen Mächte der Demokratie (03, 04/2014)

Ewald (zur Erinnerung: Ex-FPÖ, Ex-BZÖ, jetzt Chef der REKOS) Stadler war Wahlbeobachter auf der Krim.

REKOS steht übrigens für

R – relativ
E – extreme
K – Katholiken
O – oder
S – so

Ewald ist gelandet. Da er vor seinem Arbeitsantritt noch etwas Zeit hat, schlendert er in der Stadt herum.
Er sieht sich die Gebäude an, schaut in die Gesichter der Menschen.
Fast wie bei uns.
Denkt er sich. Und dann denkt er sich, dass man so was nicht einmal denken darf. Diese Mentalität, die ist schon ganz anders. Aber Christen, immerhin.

In Gedanken versunken, spaziert Ewald durch die Straßen. Plötzlich bemerkt er einen Mann mit einem vernarbten Gesicht. Ewald geht auf ihn zu und spricht ihn an.

E – Ewald
U – Ukrainer (Dimitri)

E – Wotan? Bist du's?

U – Entschuldigung?!

E – Kennen wir uns nicht? Damals in der Verbindung?

U – Leider, die Verbindung ist hier nicht gut. Man muss ins Telefon schreien.

E – Wenn du nicht Wotan bist, wer bist du dann?

U – Dimitri.

E – *(Zeigt auf sich)* Ewald. Du sprichst Deutsch?

U – Und? Du doch auch. Wo

hast du Deutsch gelernt? Auch Goethe Institut?

E – *(holt tief Luft)* Goethe ja. Institut nein. Ich bin Deutschnationalösterreicher und Gott allein führt mich durch das Leben. Und Ukrainisch spreche ich nicht. So weit geht die Osterweiterung nicht, bitte!

U – Na ja, früher ...

E – Ich habe mir vorgenommen, in der Fastenzeit nicht mehr über die Vergangenheit zu sprechen. Andere Frage: Kennst du Wagner?

U – Wagner? Klar! Einmal Wagner, immer Wagner! Echt deutsche Pizza! Schmeckt super!

E – Nein, Wagner! Neue Wege in der ...

U – Ja! Volkswagner. Das Auto!

E – *(leicht entnervt)* Ich meine Richard Wagner. Den größten Komponisten und …

U – Ach der. Wieso sagst du das nicht gleich! Warum hast du eigentlich gedacht, ich bin Zoltan?

E – *(etwas verärgert)* Wotan! Wotan! Na ja, dein Gesicht erzählt mir einiges. Ist das wirklich kein Schmiss?

U – Schiss!? Wovor soll ich Schiss haben? Vor der Demokratie? Wer hat Angst vor der Demokratie? Niemand! Und wenn sie kommt? Dann laufen sie davon, die Putinisten.

E – Dann laufen wir davon! Dimitri, lass dir von einem alten Leitwolf und lupenreinen Demokraten sagen, die Demokratie ist nicht so erstrebenswert.

Made in Griechenland. Das sollte schon misstrauisch machen. Schau, im Paradies gab es auch keine Demokratie.

Ohne Demokratie würden wir immer noch im Paradies wohnen und uns in Seiner Güte sonnen. Die Demokratie wurde erst durch die Schlange salonfähig. Willst du den Apfel oder nicht? Wenn man nicht gefragt wird, kann man sich auch nicht falsch entscheiden! Versteht du, Dimitri? Es kann nur einen geben!

U – *(entschlossen)* Wie heißt der Autokrat? Ich mach Borscht aus ihm! Ich demokratier ihn!

E – Aber, aber, Dimitri. Jesus liebt auch dich! *(Schaut auf die Uhr.)* Es wird bald Zeit. Ich suche eine Vesper.

U – Ah, kein Problem! Mein Bruder hat eine Werkstatt! Du gibst ihm einen Blechteller …

E – Rostschüssel heißt das!

U – Du gibst ihm eine Rostschüssel und bekommst fahrbares Gold zurück!

E – Nein, Dimitri. Ich suche eine lateinische Vesper für den Abend!
U – Kein Problem! Du brauchst keine alten lateinischen Motorräder. Mein Bruder hat moderne italienische Mopeds. Die kannst du mieten. Den ganzen Tag!

Ewald seufzt.

E – Trinkst du eigentlich gerne Bier?

U – Ja, aber …

Ewald greift in seine Tasche und packt einen steinernen Bierkrug aus.

E – Ich fordere dich zum zivilen „Bierkrug-

Ungehorsam" gegen das EU-Bierkrugverbot auf. Ich bestelle ab jetzt nur noch undurchsichtige Schankgefäße und rate dir, es mir gleich zu tun.

U – Wie? Ich verstehe nicht ...

Ewald gibt dem verwirrten Dimitri den Bierkrug.

E – Ich muss gehen. Die Zeit gemahnt zum Aufbruch! Aber sag mir noch: Warum hast du so ein ... markantes Gesicht?

U – Ach, das war die böse, böse Akne!

E – Gott straft die kleinen Sünden sofort. Was hast du in der pubertas denn gemacht? Ich werde ein „Vater Unser" für dich beten.

U – Wenn's dir hilft. Egal. Ewald, ich geh bald. Gleich. Jetzt. Tschüss.

E – Das Wort egal, Dimitri, das tötet. Möge Gott dich begleiten, du verlorene Seele.

Ewald schaut Dimitri noch lange nach und denkt an seine eigenen Kinder. In Ewalds Bericht ist u.a. zu lesen: „Wahlen durchführbar trotz latenter Christenverfolgung".

Alter, schütz die Torheit nicht oder: Der Mölzer und die EU (03, 04/2014)

Schriftliche Gegen-Stellungnahme des EU-Abgeordneten Andreas Mölzer

Kameraden! (Die „Innen" in der Küche interessiert das eh nicht!)

Glaubt nicht, was euch die Presse erzählt. Die Journalisten sind ja meistens gar nicht dabei. Die einen sind weg, die anderen sind nicht da, aber alle wollen was gehört und mitgeschnitten haben! Da werden mir Worte in den Mund gelegt ... Die EU ist eine Missgeburt, das soll ich auch gesagt haben. Das ist eine Unterstellung. Eine Miss von Geburt, habe ich gesagt. Eine bildhübsche Europa, eine schöne Helena, die von allen geraubt werden will. Von Paris bis Istanbul (Pfui Teufel!). Ich mache mir nur Sorgen um unsere EU. Daher habe ich auch vor schwarzafrikanischen Zuständen gewarnt. Der Prophet im eigenen Vaterland gilt nichts!

Und dann hat irgend so ein Wicht, so ein Flatter-Journalist, der sich nur durch die Buffets fett frisst, wie ein Parasit im Speck der Mutter-EU, so ein Wicht hat mein altes Codewort ausgegraben.

Ich war in meiner Jugend einmal in einer Underground-Burschenschaft. Ja, auch ich war ein Rebell! Mein Codewort damals lautete: KZ39. Völlig harmlos! Bitte was soll das mit dem 3. Reich zu tun haben? Ich sehe den Zusammenhang nicht! KZ ist die Abkürzung für KatZe, ich hatte damals eine Katze, ein Schnurrdiburr, die Eva. Und 39 ... Na ja, damals wollte ich ja nicht älter als 38 werden, plus 1. Kennen Sie den Slogan von damals nicht: „Trau keinem nach 39?!" Geschichte ist mehr als Vergangenheitsbewältigung, Kameraden. Die Zukunft ist sowieso eine Zumutung. Vor allem ... aber, wozu mache ich mir Gedanken, sie werden mir doch nur falsch ausgelegt!

Im Übrigen bin ich der Meinung: Um in der Krim-Krise neutral sein zu können, sollten wir uns auf unser Erb,-Natur,-und Kulturgut zurückbesinnen und die Krimmler Wasserfälle in Himmler Wasserfälle umbenennen. Und wenn dann wieder jemand behauptet, dass ich das gesagt habe, dann kann ich nur sagen: Das ist nicht wahr. Das habe ich niemals gesagt! Das habe ich geschrieben.

UNENTGELTLICHE WERBEEINSCHALTUNG

Nach diesem geballten Weltschmerz ...

Nicht vergessen!
IBUPROFAN.

Ewald und die Heinzi-Fotos (05/2014)

Ewald Stadler, Chef der REKOS, musste sich ja wiedereinmal vor Gericht verantworten. REKOS, klingt wie Tiernahrung, ist aber die neue Partei von Ewald Stadler.

Die Reformkonservativen, da merkt man gleich, dass der Heilige Geist über kaum jemanden gekommen ist, denn Reform -Konservativ, das ist ja schon ein Widerspruch in sich.

Ewald Stadler hat ja auch gemeint, er hat niemals auch nur irgendwelche Fotos weitergegeben, natürlich auch nicht jene von HC Strache, die ihn beim Ballerlschupfen im Märchenwald zeigen.

Frei nach dem Motto: Wenn einer glaubt, dann lügt er nicht, auch wenn er nicht die Wahrheit spricht!

Österreich is(s)t Wurst! Zu Besuch bei Werner F. und Josef O. (05/2014)

Wir sind Songcontest! Über 40 Jahre Wartezeit hat sich gelohnt!
Wieder typisch. Einmal passiert etwas Historisches und wer ist nicht dabei? Ich, ich hab's verpasst … oft hast a Pech.

Im Internet hab ich mir dann ein paar Kommentare durchgelesen:

- Bravo! (Gerry Keszler)

- Na Bravo! Das wird teuer! (Alex W., Der Chef bin ich!)

- Merci, Chérie! (Tourismusverband Österreich)

- Hummus statt Homos! (Rechtsextremer Verband der Veget.arier Großösterreich)

- Wenn wer nicht weiß, ob er ein Mann oder eine Frau ist … Dieser Kommentar wurde gelöscht.

- Ja, ich freu mich ja auch. Aber seit dem Sieg ist

niemand mehr in meinen Feinkostladen gekommen. Ich kann ja nix dafür, dass ich mich und vor mir der Papa, der Opa und der Uropa sich auf Streichwurst spezialisiert habe und haben. Hoffentlich muss ich nicht zusperren. (Besorgter Feinkostladenbesitzer)

- Dress like Conchita! Ich hab noch alte Ballkleider von meiner alten Erbtante. Bei Interesse bitte melden. Kleider auch ohne Erbtante erhältlich! (Kleider kleiden kleidsam – die Kleidertausch-Hobby-Lobby)

- Life ist beautivoll und du bist auch voll beautivoll! (Ein Fan)

- Wenn soziale Errungenschaften unter Stars erkämpft werden, sickert der Kampf-Schweiß nur ganz langsam hinunter zu den Massen. (Eine inspirierte Massen-

Philosophin)

- Conchita! Singen kannst und so schlank, so zart bist. Muss endlich abnehmen. Vielleicht sollt ich mir statt Döner Kebab nur noch Dünner Kebab kaufen?
(Frau Kleinmeier aus Großunterbleimugel)

- Jetzt aktuell! Zu jeder Frisur gibt es eine Nicht-Rasur des Bartes gratis dazu!
(Frisiersalon Schnipp-Schnapp)

Ein Land in Euphorie – und vor allem natürlich die Medien überschlagen sich!

Auch die Politik kann sich nicht mehr verstecken und so kam es, dass Conchita Wurst alias Tom Neuwirth aus Bad Mitterndorf ins Bundeskanzleramt geladen und von Bundeskanzler Werner Faymann sowie Minister Josef Ostermayer empfangen wurde.

Bundeskanzleramt. Knappe zwei Stunden vor Conchita Wursts Eintreffen. Es herrscht reges Treiben.

**WF – Werner Faymann
JO – Josef Ostermayer
CW – Conchita Wurst
MH – Michael Häupl
(Kurzauftritt)**

JO: Werner! Werner! Hast du die Blumen schon abholen lassen?

WF: Was? Wer? Wie?

JO: Werner! Die Bluuummmeeenn!

WF: Ach, die Blumen! Welche Blumen?

JO: Wir haben uns ausgemacht, dass du dich um den Blumenstrauß für Conchita kümmerst!

WF: Darfst du überhaupt Conchita sagen? Ihr kennt euch ja gar nicht!

JO: Werner! Wo sind die Blumen?

WF: Ich hamma gedacht, die Schulden steigen und steigen eh, und Blumen wird die eh so viele bekommen haben und es ist ja schlecht, wenn alle gleichzeitig verwelken. Wir denken ja an die Umwelt. Ja, wir sind auch für Ressourcenschonung!

JO: Werner! Willst du damit sagen, dass du keine Blumen organisiert hast?

WF: Nein, das will ich gar nicht sagen.

Ich will damit nur sagen, dass ich es für eine Verschwendung von Steuergeldern halte, wenn sie für Luxusposten in der staatlichen Buchhaltung zum Fenster rausgeworfen werden.

JO *(geschockt)*: Werner! Ich bitte dich! Das meinst du doch nicht ernst?

WF: Nein, das meine ich nicht ernst, ich … *(Geht zum Fenster und schaut hinunter.)* Schau, Josef!

JO *(genervt)*: Was?!

WF: Da, auf dem Rasenstreifen, da blühen Gänseblümchen! Wir könnten einen Kranz flechten!

JO: Werner! Bist du komplett gaga?

WF: Jetzt weiß ich endlich,

an wen mich die Frau Conchita erinnert. An die Frau Gaga!

JO: Werner! Werner! Bitte! Du mit deinen Wurstfingern kannst nicht einmal aus einem Schiffstau irgendetwas flechten und ich mach mich nicht lächerlich, ich hab ja – im Gegensatz zu dir – einen Ruf zu verlieren. Und jetzt ruf schleunigst den Michi an!

WF: Den Spindi!? Wir ham doch gesagt, er darf nicht Conchita schaun kommen, weil er so schirche Briefe nach Brüssel schreibt und dann die ganzen Parteien, die was außer uns noch im Parlament sind,

JO: Die Opposition …

WF: Genau, die und dann ganze Poposition bös auf uns ist!

Ostermayer setzt sich hin.

JO: Werner! Gib mir dein Handy!

WF: Willst what's appen?

JO: Werner! Ich will den Häupl Michi anrufen!

WF: Und warum nicht von deinem Handy?

JO *(spöttisch)*: Ich will mein Budget nicht belasten!

WF: Wieso rufst du dann den Michi an?

JO: Der hat an Schrebergarten!

WF: Das nenn ich Wille zum Sparen! Aber ich hoffe, die Blumen schaun was gleich, weil die Rosen und die Nelken tun so schnell verwelken.

Ostermayer zieht sich zum Telefonieren zurück.

WF: Wow, bin schon gespannt, wie das wird. Vielleicht kann ich mir ein paar Tipps holen, wie man die Menschen begeistern kann.

JO: So, alles erledigt. Der Michi ist in 30 Minuten da! Hast du dir die Rede schon in deine Birne getrichtert?

WF: Ich mag keine Birnen. Ich hab Bananen viel lieber!
JO: Kannst du den Text? Den hast du schon vor einer Woche bekommen! Werner!

WF: Ja, na ja, das ist alles so, ich weiß nicht …

JO: Was?

WF: Na ja, da steht als Begrüßung: Herzlich Willkommen im Bundeskanzleramt, Frau Wurst!

JO: Na und?

WF: Na, eigentlich red ich ja mit einem Mann aus der Steiermark?!

JO: Werner, das ist eine Kunstfigur!

WF: Kunst, das ist dein Bereich. Damit hab ich nichts zu tun! Aber so eine Figur haben, das ist schon a Kunst!

JO: Werner! Bitte! Mach mich nicht wahnsinnig! Und wo bleibt überhaupt der Michi?!

WF: Ich hab mir gedacht, er heißt Thomas und nicht Michi!

JO: Ich mein doch den Michi Häupl!

WF: Ach den!

JO: Bitte, halt dich an die Rede, die für dich geschrieben wurde!

WF: Und wenn nicht?!

JO: Sei doch nicht kindisch … ach, mach doch was du willst!

Der Bürgermeister Michael Häupl erscheint verschwitzt und abgekämpft. Er trägt kurze Hosen, Gartenschlapfen und ein verwaschenes T-Shirt.

MH: Kinder! Es war a Wahnsinn! Gleich nach dein Anruf, Sepp, hab i mi ins Gwand ghaut und bin zum Auto. Kaum bin i im Auto und will scho wegforn, da fällt ma ein, irgendwas hab i vergessen. … Oba wos? Na, die Blumen hab i mitghabt … do sans!

Häupl streckt Faymann einen Strauß von kunterbunten Blumen hin, die unterschiedlich lang sind.

Dann is ma eingfallen! I hob

die Weinflasche vergessen – wenn ich auf der Fahrt an Durscht krieag! Also wieder zruck … Dann auf der Stroßn, vor mir a Kraksn, ich glaub, die is an 30er gfohrn.

„Za on, Blindschleichn! I muss zum Werner und zum Josef!," hab i gschrian.
„Des is ma Blunzn, wo du hinmuast. I foah deswegn a ned schnöller!"
Na, mit dem bin I gfoahrn:" Pass auf was du sogst! I bin's, dei Bürgermeister!" Fongt der ned zum Lachen an und brüllt: „Ja sicher, und die Weinfloschn aufm Beifahrersitz neben dir ist mein Bundeskanzler, oder wie?!"

Na, was soll i auf so was sogn? I hob earm afoch überholt und jetzt bin i da!

JO und WF: Na endlich! Danke für die Blumen. Wir müssen jetzt weitermachen!

MH: Passt. I hau mi jetzt zum Plachutta!

JO und WF *(erstaunt)*: So? In diesem Aufzug?

MH: Ja, und wenn's ihm ned passt, dann leer ich ihm alle Zuckerstreuer aus!

WF: Michi! Pass auf! Der Mann kann dich fristlos entlassen!

MH *(schaut fast gerührt, aber doch eher mitleidsvoll auf Faymann)*: Werner, mach da keine Sorgen. Mir passiert nix! Sagts da Conchita, I hab ihr zu Ehren an Doppler auf Ex ausgetrunken. Das tu ich nur zu ganz besonderen Anlässen, wenn die Austria gewinnt oder nur knapp verliert oder unentschieden spielt! Servas!

JO: Tschau.

WF: Baba.

JO: Werner! Wir haben nur noch zehn Minuten!

WF: Ja, ich bin fertig!

JO: Das bin ich schon seit zwei Stunden!

WF: Ich zieh doch kein Kleid an und die Perücke juckt mich so, die lass ich auch weg!

JO: Werner! Nicht wirklich! Du bleibst in deinem Anzug und basta!

WF: Ok.

Die Tür geht auf und Conchita Wurst erscheint natürlich in einem Kleid.

WF *(flüstert Ostermayer zu)*: Pfau. Ist des wirklich a Mann?

JO *(flüstert zurück)*: Ja! Hörst du mir nicht zu!?

WF *(umklammert seine Rede und geht auf Conchita Wurst zu):* Herzlich Willkommen im Bundeskanzleramt, Frau äh Neuwurst! Grüß Sie, äh ihn, äh, Sie Chiquita! Alles Banane?
Wir haben uns gedacht, wir laden Sie ein, damit Sie ein bisschen Wärme, Herzenswärme in das Haus hier bringen.

CW: Danke für die Begrüßung, auch wenn ich keine Banane bin und keine Bananen mag.

JO: Frau Wurst, willkommen! Das war nicht so gemeint!

WF: Oja, ich mag Bananen!

CW: Ich sehe schon, mit der Wärme im Bundeskanzleramt hätten Sie auch ohne mich kein Problem, hier gibt es viele intellektuelle

Durchlauferhitzer!

*Faymann schaut verwirrt, Ostermayer grinst.
Faymann fällt der Redetext aus der Hand.*

CW: Na, hat es Ihnen die Rede verschlagen?

WF: Nein, mir sind nur die Zettel runtergfallen und jetzt weiß ich nicht mehr, was ich sagen hätt sollen. Also hallo, ich freue mich für Österreich, ich freue mich für ihn und für Sie.

CW: Danke, ich freue mich auch!

JO: Werner, komm, lass mich das machen! Also, liebe Wurst! Liebe Conquita äh, Conquista!

WF: So, das stimmt aber auch nicht!

JO: Du machst mich wahnsinnig, Werner! …

Also, liebe Frau Wurst und lieber Thomas! Wir freuen uns für Sie, für ihn, für sie und für uns und den ORF.

WF: Und der ORF freut sich für sich! Und Sie sind uns nicht wurscht! Die ganze Welt redet von Ihnen! Ich sag ja immer: Die Welt war für Österreich schon immer Wurst!

CW: Da haben Sie recht!

JO: Freuen Sie sich über Ihren Erfolg? Schon, oder?!

CW: Natürlich! Ich kann es noch immer nicht ganz glauben! Aber ich orte auch einen gewissen Punschkrapferleffekt!

WF: Hmmm, Punschkrapferl mag ich auch!

CW: Ja, ein Punschkrapferleffekt: Jetzt wird alles mit einem zuckerlrosa Zuckerguss überdeckt, aber drunter sind die alten Brösel.

WF: Was sagt's?

JO: Sei einfach still, Werner! … So, hier sind ein paar Blumen!

Streckt ihr den jetzt schon etwas trockenen Strauß entgegen.

CW: Danke! Wie aus dem Vorgarten von meinen Eltern daheim in Mad Bitterndorf, wie ich als Jugendlicher immer gesagt habe!

JO: Wir ham uns gedacht, nach dem Höhenflug der letzten Tage, etwas, das Sie wieder erdet und Sie daran erinnert, woher Sie kommen.

WF: Ach so? Erden? Ich hab mir gedacht, der Phoenix soll reisen? Den Text hab ich jetzt verstanden, oder nicht?

JO: Sei einfach still, Werner!

WF: Frau Conquita! Ich hab mich den ganzen Tag schon so gefreut und zu Mittag hab ich sogar einen Wurstsalat gegessen, mit Essig, Öl und Zwiebeln. Gut war's! Ja und Paprika waren auch dabei.

CW: Ich glaub ein Kopfsalat wäre besser gewesen.

WF: Was sagt's?

JO: Sei einfach still, Werner!

CW: Herr Bundeskanzler, Herr Kulturminister, ich glaub, es ist Zeit! Das Konzert beginnt bald.

JO und WF: Ja, jetzt hätten wir die Zeit fast übersehen! Bei so einem historischen Ereignis bleibt die Zeit stehen.

CW: Dann wäre es kaum schon so spät! Also, Gentlemen, ich geh mich jetzt umziehen!

JO und WF: Umziehen?

SOMMERLOCH

WM (07/2014)

Was hat uns die WM

gelehrt?

Viel Geld für eine Fußballweltmeisterschaft auszugeben bzw. ja, manche Menschen verwenden auch dieses Wort, zu „verschwenden", macht dich nicht automatisch zum Sieger.

Dank der tatkräftigen Unterstützung der deutschen Fußballweltmeistermannschaft wissen wir nun auch, wie die Evolution manche Völker einfach begünstigt hat. Wir wissen nun, wie die Argentinier gehen und wie die Deutschen gehen. Aufrechter Gang geht anders, aber das ist schon schwierig, dazu bräuchte Mensch ja ein Rückgrat. Das hat die Evolution wohl vergessen. Muss man verstehen, die macht den Job ja auch schon lange.

Ja und auf die Verlierer, die

ja eigentlich Vizeweltmeister sind, ist ja auch nicht nix, draufzutreten geht auch ganz leicht, wenn sie nicht mehr face to face sind, wie noch vor Kurzem am Schlacht-, äh, Fußballfeld.

Vor allem, wenn eine wabernde, wallende und wogende Masse vor einem steht, man möchte schon fast sagen, die aufrechten Deutschen, aber es werden ja wohl auch andere Nationen darunter gewesen sein und daher will ich nicht verallgemeinern, wer weiß, wie die alle gehen.

Aber wir wollen fair play machen, wie die FIFA uns zu spielen gelehrt hat. Es wäre echt krass unfair, die ganze deutsche Mannschaft in einen Corner zu stellen. Ich glaube, es haben ja auch nicht alle bei diesem „Tanz" mitgemacht – das waren ja nur die deutschen Deutschen. Oder haben Sie Özil, Boateng oder Khedira gesehen? Zufall? Reinfall war es auf jeden Fall! Mustafi war scheinbar dabei … na ja, ist ja beim Fußball auch ein Mitläufer!

Einer, der das Video auf

Youtube raufgeladen hat, nennt sich übrigens „Zippfel88"(echt!), hat aber als Profilbild von Will Smith ... ist das Postfaschismus?

Ja, es gab auch ein paar die eine Lanze für die Argentinier gebrochen haben, aber ehrlich. Die sollen eben besser spielen und selber Weltmeister werden, dann hätten sie sich das alles erspart!

Ein Kommentar zum Video von „Marcus Licinius Crassus" war: (Zitat!) „Danke für eine unwahrscheinlich schöne und historische Weltmeisterschaft, Jungs! (Die vielen Rufzeichen müssen Sie sich bitte dazu vorstellen!) Und was kümmert's die deutsche Eiche, welche Sau sich an ihr reibt ;) (Zwinkersmiley)?" Dieser Kommentar hat neun Daumen hoch!

Warum ich da jetzt so viel darüber erzähle? Aus der Betroffenheit des guten Menschen von Wien heraus und ... ach ja, willkommen im Sommer!

Was sagen eigentlich die „Verlierer", also die „echten Verlierer"?

- **Japan:** Wir haben das schönste Freiluftgelände für Mutproben: Fukoschima.
- **Algerien:** Wenn wir gewonnen hätten, das wäre ein arabischer Sommer geworden!
- **England:** Football's coming home …
- **USA:** Wir ham die beste Demokratie und wir liefern sie … auch unbestellt.

Gut, dass Österreich im Abseits gestanden ist. Die Hitze wär eh nix gewesen. Hier sind eh so viele permanent und immer gebräunt!

Wie geht es jetzt eigentlich mit den „Helden" weiter?

- Suarez macht ja dem Vernehmen nach bald

Werbung für Zahnpasta. Damit Sie auch morgen noch kraftvoll zubeißen können … und der/die Gebissene sich keine Infektion holt.

• Özil verkauft weiter seinen Körper … für Großraumplakate in Berlin und sicher auch andernorts.

•   Was macht Müller? Vielleicht Werbung für Joghurt?

• Ich hoffe ja, dass Khedira seinem next Topmodel nun endlich etwas zum Anziehen kaufen kann, die sieht man ja immer nur in Unterwäsche.

Ja, die WM ist geschlagen. Hallo Sommerloch … Sommermoloch … Na ja, im Gazastreifen wird wieder gemordet und vor Kurzem wurden fast 300 Menschen vom Himmel geschossen, aber sonst … Eh fad, oder?

Zum Glück gibt es auch Lichtgestalten, die Ruck-Zuck die sommerliche Trägheit und bleierne Langeweile zu vertreiben vermögen.

Große Kinder (07/2014)

Einer dieser großen Söhne dieses Landes ist Andreas Gabalier, mit eingebautem, gesunden Volksrocknrollempfinden! Solange er keine eigenen weiblichen Nachkommen hat, will der von Töchtern nichts wissen und von großen schon gar nichts.

Aber vielleicht war das auch

eine ganz trockene, beinhart kalkulierte PR-Strategie, die die Grünen leider nicht kapiert haben und genau deswegen aufgehen ließen. Eine Absprache? Ein kleiner Kartell-Verband sozusagen?

Da ja in Österreich zum Glück die Experten und Expertinnen der CIA, NSA und sicher auch der NASA sitzen oder zumindest hier eine Drehscheibe für alles Mögliche ist, ist es ganz einfach, an die entsprechenden Daten und Protokolle heranzukommen.

AG – Andreas Gabalier
MMM – Marketing & Mertschandeisink Marcel

Telefon läutet. Tut tut, tut tttuuuttt.

AG: Ich da. Wer dort?

MMM: Ich dort: Wer du?

AG: Ich bin's, der Andy.

MMM: Weiß ich eh. Warum glaubst, ruf ich an? Ich bin's …

AG: Mein Fernseher? Bist angemeldet? Bin ich angemeldet?
(Verunsichert.) Ist der Fernseher angemeldet?

MMM: Na, ich bin's, MMM.

AG: O Gott! Mama? Mieteneintreiber? Musikplagiataufdeckungsbehörde?

MMM: Erkennst mich nicht … Marcel! Der Marketing & Mertschandeisink Marcel!

AG: Geh Marcel, schreck mich nicht so. Was rufst an? Brauchst was? Vom letzten Videodreh könnt ich dir ein paar rot-weiß gewürfelte Tischdecken geben. Kann man immer brauchen.

MMM: Na, danke!

AG: Hirschhornknöpfe? Hab ich immer ein paar in Reserve.

MMM: Nein, nein! Es ist Sommer!

AG: Na supa!

MMM: Ja, genau, super! Es ist Sommer!

AG: Ja. Und? Schön ist's, heiß ist's und die Dirndln tragen kurze Dirndln. Herz, was willst mehr!? Die Leber wird mit ein paar kühlen Bier zufriedengestellt und schon sieht man die schönen Dinge des Lebens sogar doppelt.

MMM: Eben! Alles ist träge, alle fließt so gleichmäßig dahin …

AG: Dein Sommer ist aber scheinbar nicht mein Sommer. Ich hab voll den vollen Terminkalender. Jetzt kommt bald der Grand Prix von Österreich, da werd ich singen. Die Bundeshymne! Yeah, baby!

MMM: Da wirst du die Bundeshymne singen?!

AG: Hast a Echo verschluckt? Ja!

MMM: Ich habe eine Idee! Kannst den Text?

AG: Na ja, bis dahin lern ich ihn schon. Die großen Berge und Seen und Flüsse …

MMM: Strome … Land am Strome …

AG: Bist da sicher? Klingt so schwedisch … Inga Lindstrome … schaut meine Freundin, nicht ich. Na, die lern ich schon-, die Hymne. Ist da nicht irgendwas neu? Irgendwas singt man anders?! Oder?! Das war doch was.

MMM (*triumphierend*) : Und jetzt kommt meine Idee! Es heißt: Heimat großer Töchter und Söhne.

AG: Aja. Hätt ich schon vergessen. Wenn dauernd kreischende Frauen bei deinen Konzerten sind, vergisst man glatt, dass die nicht nur vor der Bühne sein können, sondern auch in einer Hymne. Aber da ist es sicher nicht so cool wie bei mir.

MMM: Also jetzt kommt endlich meine Idee.

AG: Ah ja. Hätt ich schon vergessen.

MMM: Na ja, also es geht ja um die Töchter. Wenn du eine Tochter hättest, würdest du sie in die Nähe von Strömen und auf Berge lassen?

AG: Na, bist wahnsinnig! Sicher nicht. Was da alles

passieren kann!

MMM: Genau! Dann lass weg!

AG: Zuerst sagst, das ist der Text und dann soll ich's weglassen?

MMM: Schau, das ist wie mit dem Binnen-„I"...

AG: Was? Das Birnen-„I"? Sind das grausliche Birnen?

MMM: So ähnlich. Das nimmt man, damit die, die glauben, dass sie nicht vorkommen, vorkommen.

AG *(verwirrt)*: Marcel, tschuldige, das kapier ich nicht. Was machen die Birnen in der Hymne?

MMM: Na, wenn du von Birnen redest, dann sagen die Äpfel: „Und was ist mit uns?"

AG: Aber Birnen und Äpfel

kannst ja nicht vergleichen. Und bei Kraut und Rüben ist das Durcheinander perfekt. Was bitte soll ich jetzt singen: Heimat großer Obstgärten? Vielleicht hilft das den Mostbauern in der Steiermark!
(Summt) Heimat großer Ooobbbsssstgärten ... geht so.

MMM: Bitte nicht! Sonst fangen wir uns eine Klage von Danone ein, wenn wir was von Obstgärten singen.

AG: Wir? Singst du jetzt auch mit?

MMM: Jetzt leg nicht jedes Wort auf die Goldwaage. Das werden die anderen tun.

AG: Marcel! Sprich nicht in Krone-Rätseln. Was soll ich singen?

MMM: Wärst du gerne das Gesprächsthema Nummer 1? Würdest du gerne in den ORF zu einer Debatte geladen werden? Möchtest du einem breiteren Publikum bekannt werden und mehr Alben verkaufen?

AG: Das sind No-Na Fragen. Ok, Deal!

MMM: Ich sag's ja immer, Andy. Sprechen ist Silber.

Absprechen ist Gold und
noch mehr verkaufte
Tonträger ist Platin.

**Die Wunde Wunder Welt
der Justiz – oder der
Eingebildete Kranke
(07/2014)**

Die zweite Lichtgestalt ist ...
Er ist wieder da, auf den
Titelseiten der Gazetten –
KH, „mein Name ist
Unschuldsvermutung und
ich war's nicht" G!

Er wird immer als
oberflächlich dargestellt.
Dieses Zerrbild muss man
endlich zurecht rücken. Es
werden die wenigsten
wissen: KHG schreibt
traurige Lyrik.
Bald erscheint angeblich der
Band auf Englisch.
Möglicher Titel: Sad lyric
from KäHätschTschi. Als
Übersetzer ist Ernst

Strasser im Gespräch.

Du Welt

Du Wunde-Welt,
Ich weiß, ich bin zu jung, zu
schön, zu intelligent.
Du Wunde-Welt,
Du gehst mich an.

Du Wunder-Welt,
Ich weiß, nicht alle
Steuerberater sind meiner
würdig.
Du Wunder-Welt,
Du gehst mir ab.

Die Presse, sie zerfleischt
mich,
Sie zerstört meine
Föhnfrisur mit ihrem
Shitstorm.

Sie törnt mich ab – die
mediale Hinrichtung.
Sie macht mich schlapp –
die Lungenentzündung.
Sie macht mich rot – die
Sonne auf Capri.
Sie macht mich tot – die
Millionen-Meute.

(Dann konnte KHG wegen akuter Rührung nicht weitermachen.

Bei einer solchen narzisstischen Veranlagung wäre manchmal ein Ego-Shooter nicht schlecht.)

Ja, die Justiz ist grausam, vor allem, wenn man Josef S. heißt. Was ist ärger? Eine Lungenentzündung auf Capri (Geht das eigentlich überhaupt klimatechnisch? Na ja, klimanlagentechnisch vermutlich schon) oder das Schicksal des Josef S.? Josef S., wenn Ihnen das nichts sagt: Jener junger Mann, der sich eines schweren Verbrechens schuldig gemacht hat. Er hat an der Demo gegen den WKR-Ball teilgenommen. Vielleicht wird er bald freigelassen, allerdings schuldig. Dieser Mann ist gefährlich, immerhin hat er in seiner Heimatstadt Jena einen Preis für sein Engagement gegen Rechts erhalten, den er aber nicht entgegennehmen konnte, weil er hier in Wien ca.

sechs Monate in Schubhaft war. Bringen Sie sich also vor diesem 23jährigen Studenten in Sicherheit: Er könnte auch Ihren umgefallenen Mistkübel wieder aufstellen.

Feministischer Hausfrauen-Tipp (08/2014)

Im Sommer wird Obst ja bekanntlich anarchistisch – es wird schnell faul! Daher ein Tipp: Halten Sie Ihre Birnen kühl!

Politik geht auf den Magen und sonstwohin (09/2014)

Ich esse ja grundsätzlich sehr gerne, aber oft sehe ich es auch als meine Pflicht, zu essen.

Apfel für Putin

Es hat ja geheißen, man soll einen Apfel pro Woche mehr essen. Nichts leichter als das. Warum eigentlich? Ach ja: Putin. Warum eigentlich? Ach ja: Ostukraine. Warum eigentlich? Ach ja: Truppen. Flugzeugabsturz. 300 Leute tot. Flugzeug abgeschossen. Wer eigentlich?

Ist der Apfel jetzt pro oder contra Putin? Ich ess ihn lieber nicht auf, bevor ich was falsches ess.

Banane für Mitterlehner

So, dann werd ich jetzt noch eine Banane essen, aha, die wird schon schwarz. Das passt ganz gut – ich esse sie für Reinhold Mitterlehner. Das ist übrigens der neue Vize-Kanzler, ich glaube, er ist jetzt schon bekannter als es Spindelegger je war. Spindelegger, das war der ehemalige Vize-Kanzler und auch noch Finanzminister.

Ich esse also die Banane für Mitterlehner, wahrscheinlich war er der Wunschkandidat von Spindelegger, denn der wollte ja alles und jede/n entfesseln. Nun übernimmt der „Django Unchained". Schon entfesselt. Bananen geben bekanntlich Kraft und die wird er brauchen, auch

wenn er noch so entfesselt
ist, der Django.

Der Spindelegger war ja am Schluss schon einer echten Mobbing-Kampagne ausgesetzt. Seine sogenannten „Parteifreunde" haben ihm die Bachblütenzuckerl gegen Sumpfdotterblumenbonbons ausgetauscht. Als wollten sie ihm sagen: „ Mach endlich was gehen den Korruptions-Sumpf!" Kritik durch die Blume quasi. Aber es war auch ganz offenen Kritik zu hören. Es gab sogar richtige Drohungen!

„Ja, Michael, weißt du eigentlich, wie das ist mit der Wiedergeburt?! Wer ein schlechter Finanzminister war, weißt du, als was der wiedergeboren wird? Als Börserl! Dann bist du rot und hast ein „S" am Leib und du musst sogar ab und zu im Fernsehen auftreten und singen und immer „S-Budget" sagen! Also, reiß dich zusammen!"

So katholisch kann man gar nicht sein,so wenig kann man gar nicht an die Wiedergeburt glauben, dass einem da nicht Angst und Bang wird.

Wahrscheinlich hat es auch deshalb so lange gedauert, bis ein neuer Finanzminister gefunden wurde. Aber jetzt wurde einer gefunden. Das war sicher ein Zugeständnis an jene Generationen, die vor der Euro-Zeit geboren wurden. Schelling klingt irgendwie ein bisschen wie Schilling. Ob jetzt alte neue Zeiten anbrechen?

Abwarten und Bananen essen!

Honig für Obama + Amazon

Was macht eigentlich unser Friedensnobelpreisträger? Der US-Amerikanische Präsident macht viel für den Umweltschutz. Er schickt schon länger Drohnen in die verschiedensten Länder, z.B. nach Afghanistan und Pakistan und noch andere. Mehr Drohnen, mehr

Bienen. Denn: Weniger Menschen, mehr Bienen. Mehr Bienen, mehr Honig. Mehr Nervennahrung. Zuckersüß und bitter im Abgang. Wie die Demokratie. Vor allem die, die in Bomben kommt.

Aber trotzdem: Wenn Obama schon so lieb ist und Drohnen zur Bienenvermehrung schickt, dann hätte er es auch verdient, dass man ihm auch einmal was zurück gibt.

Es wär doch wirklich eine gute Gelegenheit, sich bei Obama für die vielen Drohnen zu bedanken. Es geht ja um uns alle. Wir sind doch alle Burger, äh, Bürger.
Vielleicht würde er sich über einen Buchgutschein von Amazon freuen. Vielleicht kommt die Bestellung auch bald per Drohne. Die „Allgemeine Erklärung der

Menschenrechte" (gibt es sicher irgendwo im Amazon-Antiquariat, ungebraucht). Oder eventuell Doris Lessing: „The Good Terrorist".

Mc Donald's und Weltfrieden

Apropos Burger: Ich habe einmal gehört, dass es eine geheime Abmachung gibt, nach welcher Staaten, in denen es Mc-Donald's-Filialen gibt, nicht Krieg gegeneinander führen. Ich habe es noch nicht nachrecherchiert, aber der Gedanke hat etwas ...

Stellen Sie sich vor, Sie könnten etwas für den Weltfrieden tun, indem Sie einfach zum nächsten Mc Donald's gehen und dort dinieren, speisen, ... einfach essen. Oder trinken. Jeder Cent hilft, denn je mehr Profit Mc Donald's macht, desto mehr Filialen kann er eröffnen ... die Frage ist nur, wo. Aber das liegt ja dann nicht mehr in unserer Macht, wir
hätten dann getan, was wir können und müssten nicht dauernd auf irgendwelche

Demos hatschen, bei Sonnenschein, Regen, im Nebel und Schnee und was weiß ich ...
Vielleicht geht Politik nicht nur auf, sondern auch durch den Magen!

All Inclusive (09, 10/2014)

Die Debatte über den Text der Bundeshymne ist aber schon fast vergessen, angesichts der neuen Gefahren, die auf dieser finsteren Welt lauern. Sie machen scheins auch nicht vor diesem schnitzelförmigen Kleinod, vor diesem Land halt.

Im Chat

A: Eine Woche? Echt? Gibt's ned, Oida! Ok. Mach ma! Ich nemma frei. I mus mim Chef redn, aber ... Is fix. Tschau, Bruder.

Polizei – Station

A: Wach auf, Denis! Wach auf!

D: Was ist denn, Ali?

A: Wir ham einen!

D: Ich weiß nicht, was du hast. Ich hab einen Hunger!

A: Einen von den Finalisten, na, den Salafisten.

D: Blödsinn! Woher soll wir sowas ham?

A: Ich hab einen Chat überwacht und …

D: Was hast du?

A: Also ich war gerade im Chat und da hat wer was gepostet. Du, die planen was!

D: Was? Was planen die? Wer überhaupt?

A: Woher soll ich das wissen? Es scheint mir verdächtig.

D: Aha.

A: Ich bin voll aufgeregt.

D: Wieso?

A: Stell dir vor, wenn wir wirklich einen finden!

D: Wen willst du finden? Sei froh, dass nix los ist und chat einfach weiter.

A: Nein! Ich stelle mich der Herausforderung. Ich bin voll motiviert!

D: Was ist denn mit dir los? So kenn ich dich gar nicht, Albert!

A: Nenn mich nicht Albert! So hat meine Mutter mich immer genannt, wenn …

D: Ok, Ali. Aber du spuckst echt neue Töne.

A: Ja. Neu ist gut. Ich habe ein Motivationsseminar besucht und jetzt ist die Gelegenheit, die Motivation auszuprobieren.

D: Na, mach halt. Aber ich hab damit nichts zu tun.

A: Du, Denis ...

D: Was?

A: Der eine hat geschrieben: „ Er mus mim Chef reden."

D: Na, es ist gefährlicher, wenn der Chef mit dir reden muss, oder?!

A: Kapierst du nicht? Die sprechen in Codes.

D: *(verdreht die Augen)*

A: Er muss mit dem Muslim-Chef reden! Das ist ein Gotteskrieger.

D: *(verdreht die Augen)* Hast als Kind viel gelesen, oder?

A: Na ja. Wieso?!

D: Knickerbockerbande!

A: Du wirst mir noch dankbar sein. Ganz Österreich wird mir noch dankbar sein! Ich bin voll motiviert!

D: Österreich sicher. Aber ganz Österreich ... ich weiß nicht.

A: Wer nicht nach den Sternen greift …

D: … muss sich auch nicht strecken!

A: Pass auf! Dann schreibt er: „Is fix!"

D: Er hätt auch schreiben können: „Iss was g'scheits!"

A: Spiel das nicht so

herunter. Das ist eindeutig ein Hinweis auf den Islamischen Staat, IS.

D: *(seufzt genervt)*

A: Denis! Er hat was Neues gepostet. *(Rennt aufgeregt herum.)*

D: Du rennst echt herum wie ein kopfloses Hendl!

A: Das ist echt unpassend, Denis!

D: Heast Ali, komm runter von deinem Terrortrip. Die beiden Haberer wollen auf Urlaub fahren!

A: Das glaubst du. Das sollst du auch glauben! Alle sollen das glauben!

D: Schau, Ali, du bist eh so motiviert. Wir lesen uns das Posting jetzt gemeinsam durch und dann sag ich dir meine Meinung dazu, ok?

A: *(versucht sich zu beruhigen)* Na gut.

A+D : *(Lesen das Posting)* Chef sagt, ich soll ruhig fahren! Hotel Styria klingt leiwand!

A: Na …

D: Fahren's halt in die Steiermark …

A: Bist du naiv, Denis! Das heißt natürlich Syria und nicht Styria. Syrien!

D: Geh bitte.

A: Schau! Er hat noch was gepostet!

D: Und? Er fragt nur, ob der Karli fahrt. Fahren halt mehrere!

A: Eben. Karli fahrt. Kalifat! Jetzt reicht es mir aber! Wie lange sollen wir noch warten?

D: Was tust du, Ali?!

A: Ich schalt mich jetzt ein!

Im Chat (Privatnachricht)

Du, da hat einer gerade was gepostet. Ob wir ihn ins Hotel nach Syrien mitnehmen. Der nennt sich Ali99. Sollma den wo melden?

X-MAS SPEZIAL – AUF DIE RETTUNG DES ABENDLANDS

Christkindl – AC (2013)

- Assessment Center für Christkindl

- CH – Christkind und AC – Assesment Center Facilitator

Das Christkind sitzt in einem kahlen, gläsernen Hochhaus, genauer gesagt im 24. Stock des selben. Leider streikte im 12. Stock der Aufzug, weshalb es 12 Stockwerke ohne Aufzug bezwingen musste. Dementsprechend k.o. sitzt es jetzt mit den anderen BewerberInnen in einem Vorraum. Alle starren gebannt auf eine Tür. Diese öffnet sich nach drei Stunden. Ein Bewerber wird bewusstlos hinausgetragen.

Der hat es wohl nicht in die nächste Runde des Assessment Centers geschafft.

AC – Die jungen Leute von heute halten nichts aus. Unsere Väter haben sogar in Russland … na, wurscht … Also, wer … aha, das Christkind. Kommen Sie herein. Machen wir es kurz …

CH – Ja, bitte.

AC – Also, wir haben Ihre Bewerbung erhalten. Einen na ja, nicht sehr geradlinigen Lebenslauf haben Sie da. Viel haben Sie uns nicht verraten. Das müssen Sie uns erklären. Wie heißen Sie?

CH – In manchen Teilen der Erde nennen mich die Menschen Christkind, aber meine Eltern sagen Jesus zu mir.

AC *(zu sich)* – Hearst, ich glaub, da sitzt in Polster Toni sei Bua?! Ist Ihr Vater Fußballer?

CH – Nein, mein Vater war Tischler. Aber er kann nicht mehr arbeiten, er hat's mim Kreuz.

AC – Frühpensionist! Das hört man gern. Der kommt wenigstens nicht zu uns. Also Christkindl, wo sind Sie geboren?

CH – Da bin ich mir nicht sicher! Irgendwo bei Palästina.

AC – Sie san lustig … Wie schreibt ma denn des?

CH – P wie Paulus, … A wie Adam, … L wie Lukas …

AC – Wurscht. I schreib Israel.

CH – Aber …

AC – Weiter. So geduldig ist Papier nicht, und ich bin's schon gar nicht. Also, wo haben Sie schon gearbeitet?

CH – Ich war bei der Luftpost. Bei der Firma DHG – Der Heilige Geist. Die Urlaubsvertretung vom Hermes. Mindestens drei Monate musste der nach Griechenland, sonst wurde er übellaunig und hat die Pakete mit Absicht an die falschen Leute verschickt.

AC – Aha. Und warum sind Sie jetzt nicht mehr dort?

CH – Erinnern Sie mich nicht... Die Firma wurde aufgekauft von einem multinationalen Konzern und ich wurde als Posten aus der Buchhaltung gestrichen. Dann hatte ich keinen Posten mehr.

AC – Und dann?

CH – Ich erinnerte mich an

einen Freund aus Kindertagen, den Ziferl. Er hatte einen Putzfimmel und statt Servietten lagen immer Staubtücher am Tisch, aber sonst war er sehr hell auf der Platte. Ziferl erzählte mir, dass er nun in Transdanubien ein Ein-Personen-Unternehmen gründen will.

AC – Aha. Er wollte also eine Transperson werden.

CH – Nein, er wollte ein Ein-Personen-Unternehmen gründen, ein EPU.

AC – Ist das ned a Vogel? Na ja, Vogel hamms ja alle. Also weiter!

CH – Also Ziferl sagte mir: „Jetzt heiße ich Luzifer." Und er stellte mir eine Anstellung in Aussicht. In kurzer Zeit gründete er DHL – Der Hurtige Luzifer, das ist eine GmbH. Eine Gesellschaft mit beschränkter Heiligkeit.

AC – Und weiter?

CH – Es war sehr lustig. Oft kamen seine Freunde, die Hell's Angels um zu helfen und lieferten alle Post für die Route 66 aus. Aber irgendwann hatte ich das Gefühl, ich sollte irgendwo ankommen. Ich wollte etwas Gutes tun … mit meinen Eltern war ich ja die ganze Zeit unterwegs. Nirgends gab es einen Platz für uns.

AC – Wenn's an Platz brauchen, in Wien kann man in fast allen Bezirken Lagerräume mieten.

CH – Wie? Also ich bin eigentlich hier, weil ich mich auf das Stellenangebot melden wollte.

AC – Nummer?

CH – 12 24 2013 XMAS.

AC – Aha, Sie haben Interesse an dem Pflegejob? Den wollt noch niemand …

CH – Na ja, ich dachte mir, der alte Mann, der ganz alleine mit seinen Rentieren wohnt, könnte sicher jemanden brauchen. Vor allem, weil er ja einmal im Jahr so viele Pakete ausliefern muss. Und Pakete ausliefern kann ich.

AC – Aber dieser Job beinhaltet auch die Pflege der Rentiere, Stall ausmisten, spezielles Diätessen kochen. Der alte Mann muss abnehmen, der trinkt viel zu viel Coca Cola. Nur noch Kräutertee!

CH – Klingt gut. Ich bin mit Tieren aufgewachsen. Ich bin im Stall geboren und bei meiner Geburt waren Ochs und Esel dabei.

AC *(zu sich)* – Na servas, das sind Zuständ da unten.

Also, Sie hören von uns.

CH – Halleluja. Der Papa wird's schon richten.

Brief vom Weihnachtsmann (Fromme Wünsche) (2013)

Ans Universum

Hallo du,
Das Leben ist kein Hit! Das Leben ist ein Schlag ins Gesicht. Jetzt weiß ich, warum ich Weihnachtsmann heiße. Ja, ich weine nachts. Seit kurzer Zeit habe ich so eine Haushaltshilfe, die hat sogar Flügerl, damit's schneller geht. Ist eh lieb, aber ich darf jetzt nur noch Kräutertee trinken und muss mich strikt an den Ernährungsplan halten. Zum Speiben! Gestern gab es Tofuringe mit Apfelmus. Davon krieg ich Augenringe und den nächsten, der mir sagt, dass das gut schmeckt und gesund ist, den schlag

ich zu Mus! Ok Weihnachtsfriede, eh nicht, aber ich weiß nicht, wer dieses Märchen verbreitet, dass VegetarierInnen weniger aggressiv sind?! Manchmal stehl ich meinen Rentieren das Futter, das schmeckt noch besser! Der Rudolf geniert sich für mich, hilft mir aber trotzdem und seine Nase leuchtet immer rot, wenn sich jemand nähert.

Ich weiß auch schon, was mir das Christkindl, so heißt die Haushaltshilfe, ich weiß, ein seltener Name, aber die Leute heißen ja heute auch Sky und Hell und Attnang und Puchheim und so, … also ich weiß schon, was ich geschenkt bekomme! Schrecklich! Eine einjährige Mitgliedschaft bei Weight Watchers! Ich sag's ja immer, wir leben in einem Überwachungsstaat, da muss ich ja nicht auch noch mein Gewicht kontrollieren! Wahrscheinlich bekommt man da gratis ein Abhörprogramm dazu und ein Foto vom großen Bruder des Firmenchefs, der 84 kg abgenommen hat, nachdem er 89 kg zugenommen hatte, nachdem er 70kg abgenommen hatte, nachdem er … und ein Autogramm von Edward Snowden. Sicher gefälscht, aber wurscht.

Bitte, bitte, bitte, ich will das nicht! Ich will nicht zu den Weight Watchern. Ich bin der Weihnachtsmann, ich will mir auch was wünschen dürfen! Holt mich aus diesem Tal des wunschlosen Wünschens, der freudlosen Freude und des selbstlosen Selbst. Ich bin einfach zu gut. Alle bekommen was von mir, nur ich nicht!

Ich bin nicht wunschlos glücklich. Wenigstens ein Brieflos könnt ich doch bekommen!

Ich will nicht zu den Weight Watchern. Ich gehe lieber in die Selbsthilfegruppe der komatösen Cola-Konsumierer...

Ich bitte dich, erhöre mich.

Der Wein-Nachts-Mann

P.S.: Ist da jemand?

**Merry Frontex!
Weihnachten bei den
Guten (12/2014)**

F: Frontex 1
X: Frontex 2

X: Die Stimmung ist wieder bombig! Wie jedes Jahr.

F: Ja, aber ich bin immer noch nicht ganz in Weihnachtsstimmung. Ich hatte letztens ein Bewerbungsgespräch abzuwickeln – Extremsportler. Er meinte, er sei qualifiziert, er sei ja schon oft an Grenzen gegangen.Ich hab ihm dann gesagt, wer F sagt, muss auch X sagen können. Frontex macht keine halben Sachen, wir leisten ganze Arbeit. Das war viel Mühe. Die Festung Europa wurde nicht an einem Tag erbaut. Da brauchte es schon Anstrengungen sämtlicher Länder. Er meinte dann, er kenne sich mit Anstrengungen aus, er sei ja Extremsportler gewesen und wisse, dass man nur mit hartem Training und Disziplin sein Plan-Soll erreichen kann. Irgendwann aber hätte er dann die Nase voll und hätte sich gedacht, was soll ich planen und hat beschlossen umzusatteln.

X: Umzusatteln? War er Dkey Isc-Joc?

F: Bitte?

X: Entschuldigung. Disk Jokey wollte ich sagen. Mein Sprachzentrum leidet schon. Die Bitter Lemon.

F: Jaja, teuflisch. Wenn die nicht wären, ich könnt den Gin wie Wasser kippen. Wie sagt man: Wenn dir das Leben eine Bitter Lemon gibt, kauf dir den passenden Alkohol dazu.

X: Jaja, der Sunrise am

Morgen danach ist auch das Schlimmste an den Tequilas.

F: Tequilas? Die hatten doch vor ein paar Jahren so einen Hit. „Mr. Brightside".

X: Da haben Ihre Kinder Sie aber nur halb informiert.

F: Die sehe ich nicht so oft.

X: Verstehe, daher sind die bindungsfern.

F: Die Band heißt The Killers.

X: Das soll sich der Neue anhören. Zur Einstimmung.

F: Wie?

X: Na, „Mr. Brightside" – Willkommen auf der hellen Seite.

F: Es wird gestorben. Aber nicht von uns. Wir lassen sterben.

X: Mit stoischer Gelassenheit lassen wir dem Schicksal seinen Lauf. Das verbindet uns.

Wollen wir uns nicht duzen?

F: Du, war da nicht ein Geräusch?

X: Nein, nein. Das kommt vom Nebenraum. Der Karaoke-Contest hat schon begonnen.

F: Ich habe gehört, der eine Kollege singt „Das knallrote Gummiboot", kannst du dich noch erinnern, dieser alte Schlager.

X: Typisch. Der ist ein Workaholic. Denkt nur an die Arbeit. Aber wir feiern heute! Auch noch ein Dattelparfait mit Goldplättchen?

F: Gerne. Schade, dass wir schon bei der Nachspeise

sind.

X: Das Buffet ist wie das Leben, man kann immer wieder von vorne anfangen. Noch Vorspeise?

F: Gerne. Dieser Couscoussalat ist wirklich köstlich. *(kauend)* Was hat der Neue eigentlich für einen Eindruck gemacht?

X: Na ja, der hat manchmal eigenartige Fragen gestellt, aber das muss man verzeihen, der war ja früher Extrembergsteiger, teilweise ohne Sauerstoffflaschen. Das merkt man noch ein bisschen. Wollen wir nicht auch zum Karaoke-Contest? Ich glaube, jetzt singt der Chef. Sollten wir da nicht zujubeln gehen?

F: Was singt der denn? Das kenn ich doch ...

X: Herrlich! Er singt „I will survive." An dem ist ein

Humanist verloren gegangen...

F: Und hat sich bei uns an der Grenze der Humanität wiedergefunden.

X: Reden wir nicht immer von der Arbeit.

F: Was ist denn dieses Jahr eigentlich der Hauptpreis bei der Tombola?

X: Eine Kreuzfahrt im Mittelmeer.

ZUGABE (EXTRA, ADD ON)

Sorry, es geht nicht (2014)

1.
Du bist die Moral
und ich die Politik.

Du bist der Ökoschlapfen
und ich bin aus Plastik.

Ich bin die Hausmasterin
and you're Brad Pitt.

Sorry, es geht nit.

2
Du bist das Milchpulver (von Nestlé)
und ich das verseuchte Wasser.

Du bist der Englischkurs
und ich bin der Strasser.

Ich bin der Textildiskonter
und du bist der Grasser.

Ich werd immer blasser.

3.
Du bist die Schnapsflasche
und ich die Leberzirrhose.

Du bist die Biokiste,

und ich bin die Aludose.

Ich bin die Plantage
und du die Fairtrade-Rose.

Da entwickle ich eine
Psychose.

4.
Du bist die Hypo-Pleite
und ich bin nur ein Cent.

Du bist Frühaufsteher
und ich eine, die gern pennt.

Ich bin ein nobody,
aber du bist wer, den jede/r
kennt.

Ich glaub, dass da was
falsch rennt.

Refrain:

Es hat doch keinen Sinn,
was nützt es, wenn du ein
Ipad bist,
aber ich nicht vom Planeten
Apple bin?
Das kann wirklich nichts
werden,

ich bin der Strom und ich will
mich nicht erden.

5.
Du bist die OP
und ich das Globuli.

Du bist der Ferdl (aus
Favoriten)
und ich die Amelie (aus
Döbling).

Ich bin Daniela
Katzenberger
und du bist der Esprit .

Sorry, das klappt nie!

6.
Du bist der Strafvollzug
und ich das Paradies.

Du bist das Menschenrecht,
und ich bin Guantanamo-
fies.

Ich bin die
Gratiszahnspange,
und du das falsche Biess.

Lassen's wir einfach, please!

7.
Du bist eine Kurzmitteilung,
und ich ein Gedicht.

Du bist der große Krieg,
und ich das kleine
Friedenslicht.

Ich bin das Konzerthaus,
und du bist die Nachtschicht
(die schon lange Club
Couture heißt, was die
Sache aber nicht besser
macht.)

Sorry, das geht nicht!

Refrain:

Es hat doch keinen Sinn,
was nützt es, wenn du ein
Ipad bist,
aber ich nicht vom Planeten
Apple bin?

Das kann wirklich nichts
werden,
ich bin der Strom und ich will
mich nicht erden.

Zum letzten Mal ...

Du bist das Schweigen,
und ich bin der Satz.

Du bist die Käfighaltung,
und ich bin der Platz.

Ich bin der Pechvogel,
und du bist der Schatz.

Es ist alles für die Katz!

Endgültig: Du bist der Muezzin. Ich bin der Sarrazin. Aus.

NACHWORT

Wenn Sie noch nicht genug haben, dann besuchen Sie mich doch bitte in meiner virtuellen Welt.

Ich wohne hier:
http://www.nadiabaha.com

Wenn Sie reale Welten lieber haben und gerne in den Keller lachen gehen, dann schauen Sie doch bei einem meiner Auftritte vorbei (Bequemerweise können Sie sich vorher für meinen Newsletter anmelden. Dann ist das mit der Navigation einfacher).

So oder so: Ich freu mich auf Sie! Nur so.

Nach diesem geballten Weltschmerz kann ein IBUPROFAN nicht schaden. Die erste Dosis gibt es gratis bei mir. (Diese Werbeeinschaltung muss ich leider wieder machen. Ich sage nur ein Wort: Kabarettcoach).

HIDDEN TRACK

Portrait eines Kabarettist als junger Wittgenstein

Worüber man nicht lachen kann, darüber muss man lachen!